Impressum
Verlag: BABADADA GmbH, Nedderfeld 112 , 22529 Hamburg
Geschäftsführer / Verlagsleitung: Harald Hof
Druck: Books on Demand GmbH, In de Tarpen 42, 22848 Norderstedt

Imprint
Publisher: BABADADA GmbH, Nedderfeld 112 , 22529 Hamburg, Germany
Managing Director / Publishing direction: Harald Hof
Print: Books on Demand GmbH, In de Tarpen 42, 22848 Norderstedt, Germany

de School

школа

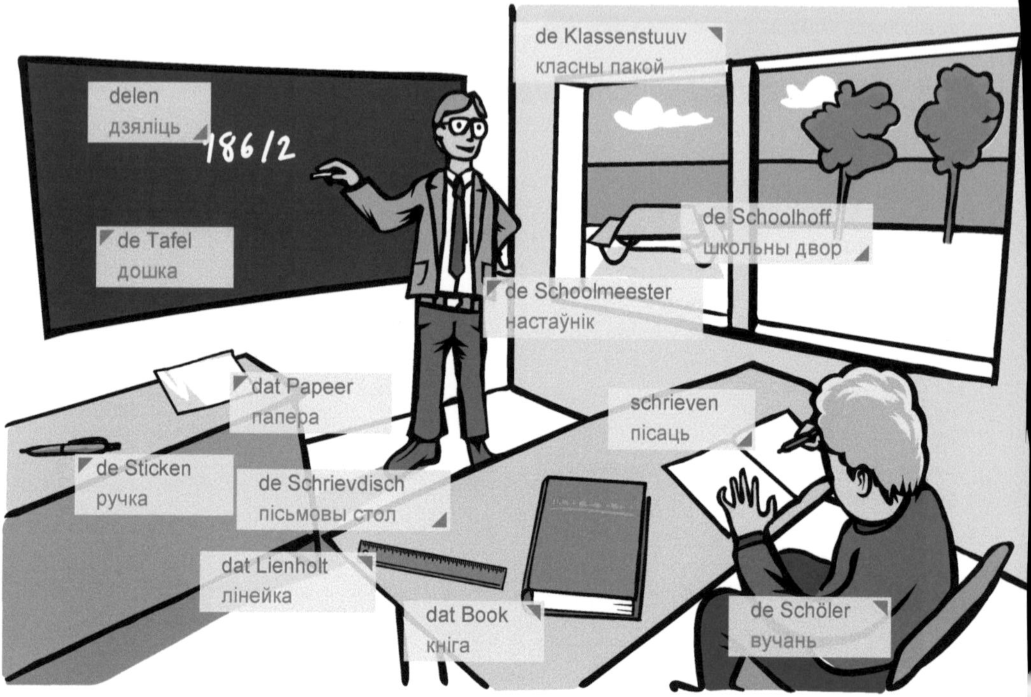

de Klassenstuuv
класны пакой
delen
дзяліць
186/2
de Tafel
дошка
de Schoolhoff
школьны двор
de Schoolmeester
настаўнік
dat Papeer
папера
schrieven
пісаць
de Sticken
ручка
de Schrievdisch
пісьмовы стол
dat Lienholt
лінейка
dat Book
кніга
de Schöler
вучань

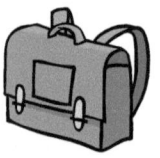

de Ranzel

ранец

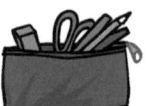

de Feddermapp

пенал

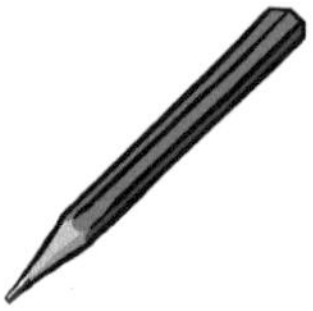

de Bleesticken

просты аловак

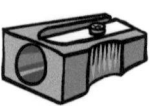

de Scharpmaker

тачылка для алоўкаў

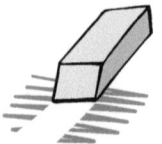

dat Radeergummi

гумка

de Tekenblock

альбом для малявання

de Teken

малюнак

de Pinsel

пэндзлік

de Malkassen

фарбы

de Scheer

нажніцы

de Klever

клей

dat Heft to'n Öven

сшытак

de Huusopgaav

хатняе заданне

de Tall

лік

tohooptellen

дадаваць

aftrecken

адымаць

malnehmen

множыць

reken

лічыць

de Bookstaav

літара

dat ABC

алфавіт

dat Woort

слова

de Text

тэкст

lesen

чытаць

de Kried

крэйда

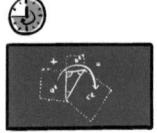

de Stunn

ўрок

dat Klassenbook

класны журнал

de Pröven

экзамен

dat Tüügnis

атэстат

de Schooluniform

школьная форма

de Utbillen

адукацыя

dat Nakieksel

энцыклапедыя

de Universität

універсітэт

dat Mikroskop

мікраскоп

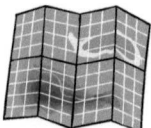

de Koort

карта

de Papeerkorf

смеццевы кошык

de Törn

падарожжа

Grand
dat Hotel
гатэль
de Harbarg
хостэл
ROOMS
de Wesselstuuv
абменны пункт
EXCHANGE
de Kuffer
чамадан
dat Auto
аўтамабіль

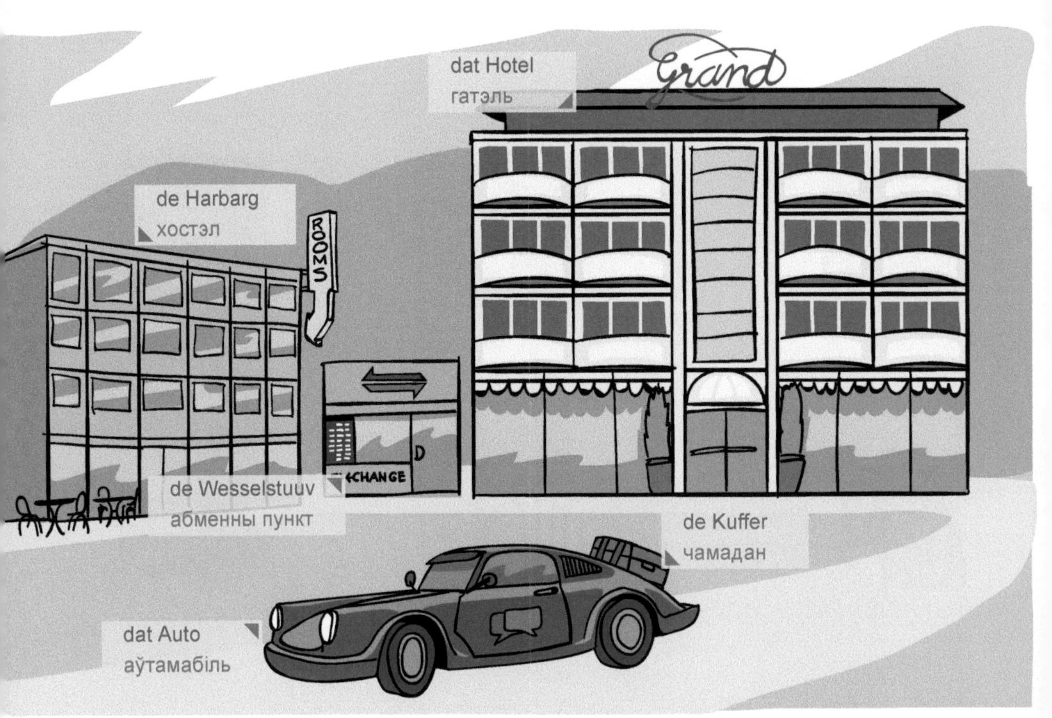

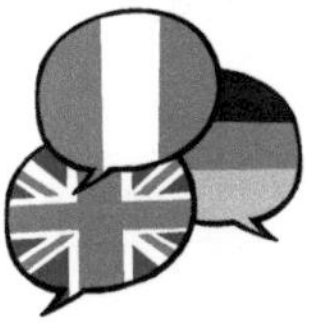

de Spraak

мова

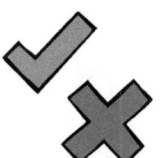

jo / ne

так / не

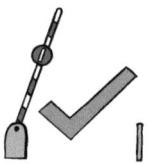

Jo

добра

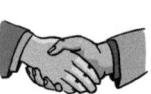

Moin

прывітанне!

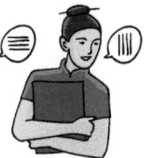

de Översetter

перакладчык

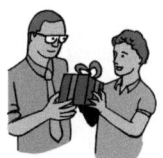

Dank ok

дзякуй

Wat kost...?

Колькі каштуе....?

Ik verstah nich

я не разумею

dat Problem

праблема

Goden Avend

Добры вечар!

Moin!

Добрай раніцы!

Gode Nacht!

Дабранач!

Tschüüs

да пабачэння

de Richt

кірунак

de Bagaasch

багаж

de Tasch

сумка

de Rüchsack

заплечнік

de Gast

госць

de Stuuv

пакой

de Slaapsack

спальны мяшок

dat Telt

палатка

de Touristeninformatschoon

інфармацыя для турыстаў

de Strand

пляж

de Kreditkoort

крэдытная картка

dat Fröhstück

снеданне

dat Meddageten

абед

dat Avendeten

вячэра

de Fohrkort

праязны білет

de Fohrstohl

ліфт

de Breefmark

паштовая марка

de Grenz

мяжа

de Toll

мытня

de Bottschop

пасольства

dat Visum

віза

de Pass

пашпарт

de Transport
транспарт

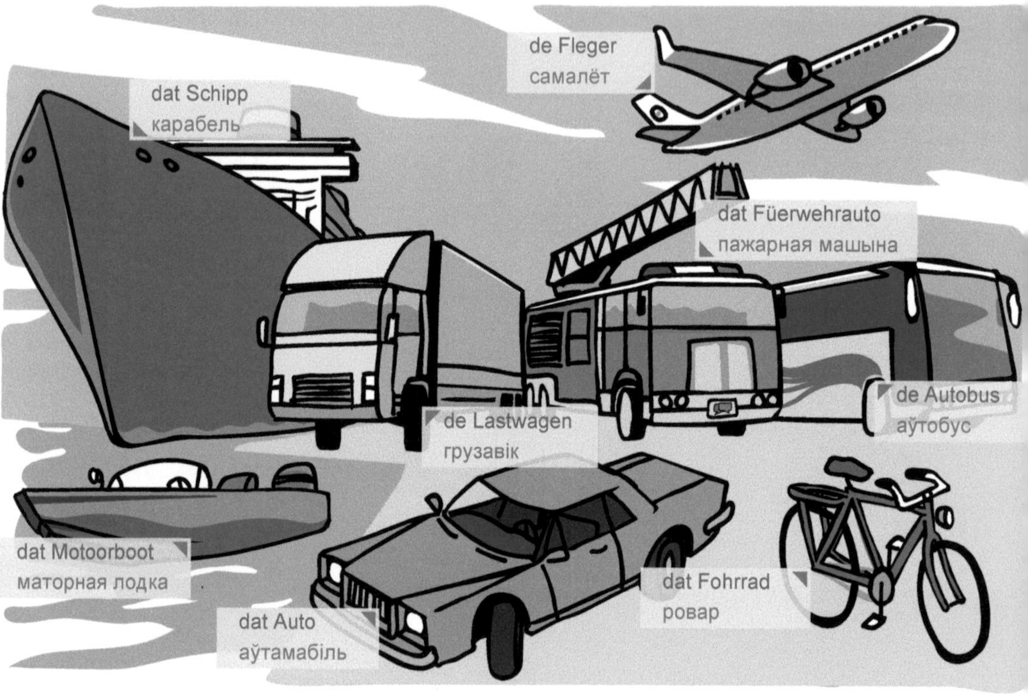

de Fleger
самалёт
dat Schipp
карабель
dat Füerwehrauto
пажарная машына
de Autobus
аўтобус
de Lastwagen
грузавік
dat Motoorboot
маторная лодка
dat Fohrrad
ровар
dat Auto
аўтамабіль

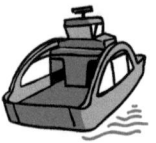

de Fähr
паром

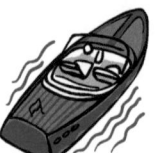

dat Boot
лодка

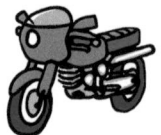

dat Motoorrad
матацыкл

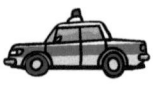

dat Polizeiauto
паліцэйская машына

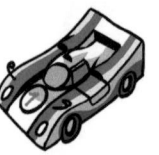

dat Rönnauto
гоначны аўтамабіль

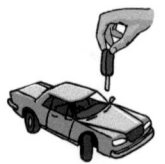

de Lehnwagen
арэндаваны аўтамабіль

dat Carsharing

сумеснае карыстанне
аўтамабілем

de Afsleepwagen

эвакуатар

dat Müllauto

смеццявоз

de Motoor

матор

de Kraftstoff

паліва

de Tanksteed

запраўка

dat Verkehrsschild

дарожны знак

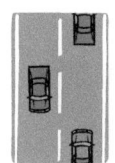

de Verkehr

дарожны рух

de Stau

затор

de Afstellplatz

паркоўка

de Bahnhoff

чыгуначная станцыя

de Sporen

рэйкі

de Tog

цягнік

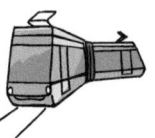

de Stratenbahn

трамвай

de Wagon

вагон

de Dwarsmöhl

верталёт

de Flooghaven

аэрапорт

de Tower

вежа

de Fohrgast

пасажыр

de Grootkist

кантэйнер

de Karton

кардонная скрыня

de Koor

тачка

de Korf

карзіна

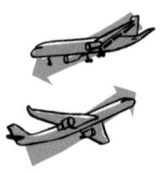

starten / lannen

ўзлятаць / прызямляцца

de Stadt

горад

dat Dörp

вёска

de Binnenstadt

цэнтр горада

dat Huus

дом

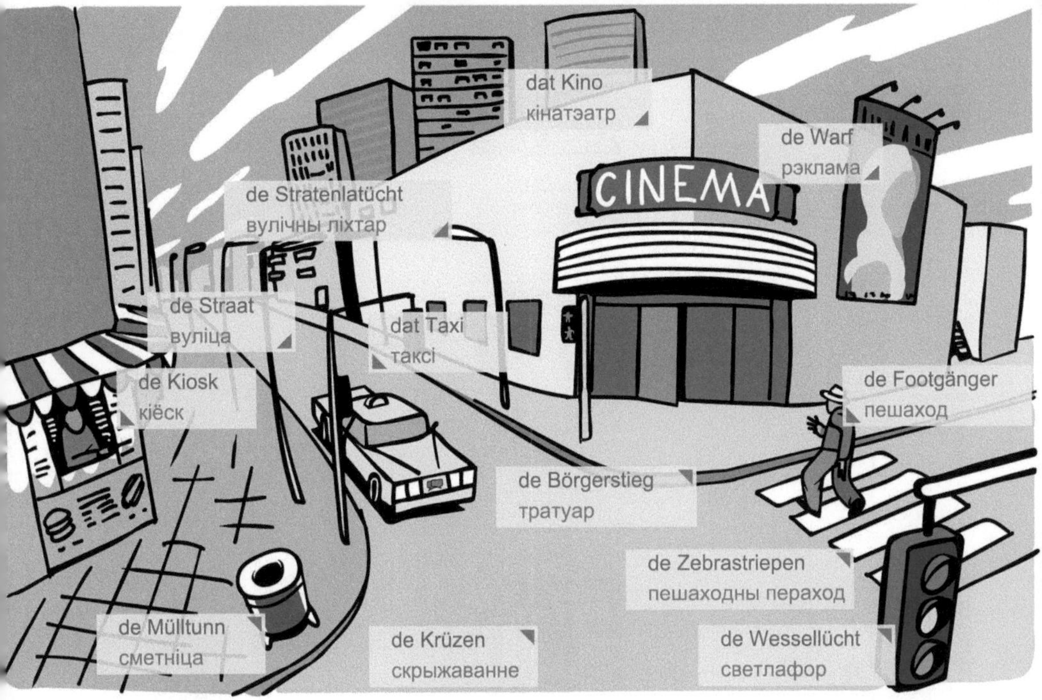

dat Kino
кінатэатр

de Warf
рэклама

de Stratenlatücht
вулічны ліхтар

CINEMA

de Straat
вуліца

dat Taxi
таксі

de Kiosk
кіёск

de Footgänger
пешаход

de Börgerstieg
тратуар

de Zebrastriepen
пешаходны пераход

de Mülltunn
сметніца

de Krüzen
скрыжаванне

de Wessellücht
светлафор

de Hütt
....
халупа

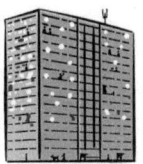

de Wahnung
....
кватэра

de Bahnhoff
....
чыгуначная станцыя

dat Raathuus
....
ратуша

dat Museum
....
музей

de School
....
школа

de Universität

універсітэт

de Bank

банк

dat Krankenhuus

шпіталь

dat Hotel

гатэль

de Afteek

аптэка

dat Büro

офіс

de Bookhökerie

кнігарня

de Hökerie

крама

de Blomenhökerie

кветкавая крама

de Supermarkt

супермаркет

de Markt

кірмаш

dat Koophuus

універмаг

de Fischhökerie

рыбная крама

dat Inkoopszentrum

гандлевы цэнтр

de Haven

порт

de Parkanlaag

парк

de Bank

лава

de Brüch

мост

de Trepp

лесвіца

de Ünnergrundbahn

метро

de Tunnel

тунэль

de Busstoppsteed

прыпынак

de Bar

бар

dat Spieslokal

рэстаран

de Breefkassen

паштовая скрыня

dat Stratenschild

вулічны паказальнік

de Parkklock

паркамат

de Deertenpark

заапарк

de Baadanstalt

басейн

de Moschee

мячэць

de Buernhoff

сядзіба

de Ümweltversmudden

забруджванне
навакольнага асяроддзя

de Karkhoff

могілкі

de Kark

царква

de Speelplatz

пляцоўка для гульні

de Tempel

храм

de Landschop

краявід

dat Blatt
ліст

de Wiespahl
паказальнік

de Weg
дарога

de Wisch
луг

de Steen
камень

de Boom
дрэва

de Wannerer
падарожнік

de Fluss
рака

dat Gras
трава

de Bloom
кветка

dat Daal

даліна

de Barg

гара

de See

возера

dat Holt

лес

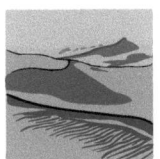

de Wööst

пустыня

de Füerspien Barg

вулкан

dat Slott

замак

de Regenbagen

вясёлка

de Poggenstohl

грыб

de Palm

пальма

de Steekmück

камар

de Fleeg

муха

de Miegeemk

мурашка

de Imm

пчала

de Spinn

павук

de Sebber

жук

de Pogg

жаба

de Katteker

вавёрка

de Swienegel

вожык

de Haas

заяц

de Uul

сава

de Vagel

птушка

de Swaan

лебедзь

dat Wildswien

дзік

de Hirsch

алень

de Elk

лось

de Staudamm

пляціна

dat Windrad

вятрак

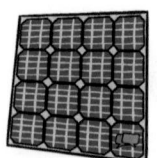

dat Solarmodul

сонечная батарэя

dat Klima

клімат

dat Spieslokal
рэстаран

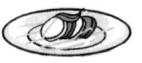

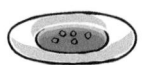

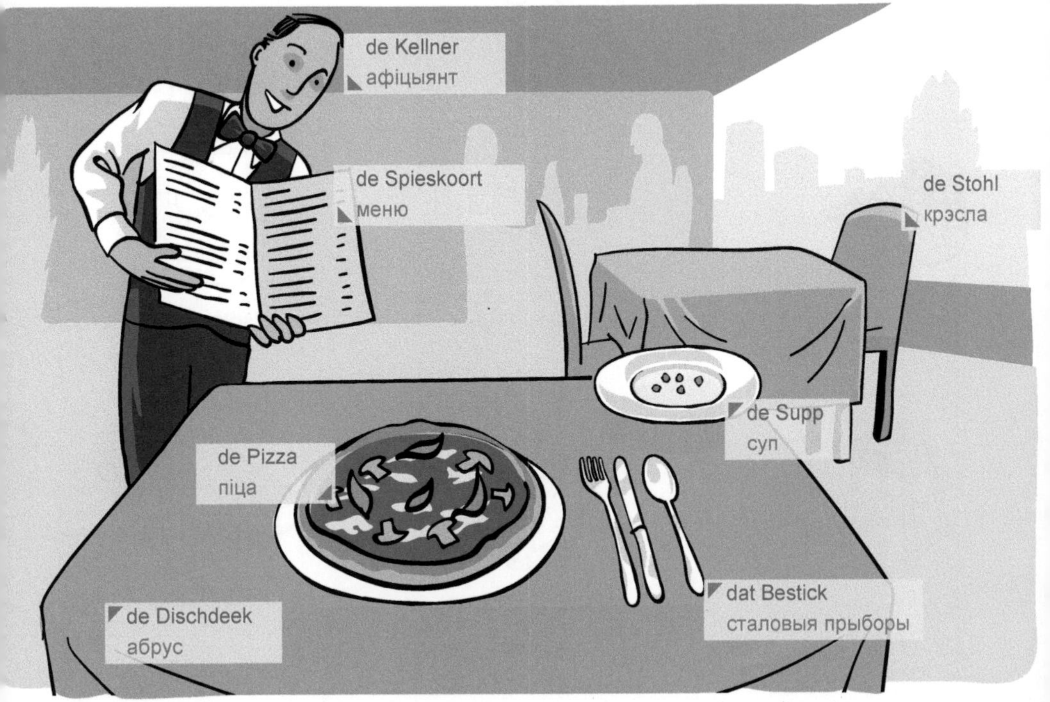

de Kellner
афіцыянт
de Spieskoort
меню
de Stohl
крэсла
de Supp
суп
de Pizza
піца
dat Bestick
сталовыя прыборы
de Dischdeek
абрус

de Vörspies

закуска

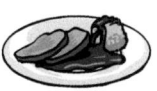

dat Haupteten

другая страва

de Nadisch

дэсерт

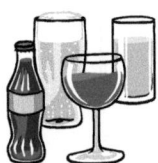

de Drünk

напоі

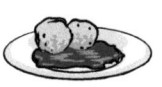

dat Eten

ежа

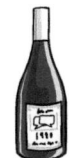

de Buddel

бутэлька

dat Fastfood

хуткае харчаванне (фаст-фуд)

dat Strateneten

стрыт-фуд

de Teekann

імбрык (чайнік)

de Zuckerdoos

цукарніца

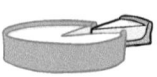

de Portschoon

порцыя

de Espressomaschien

эспрэса-машына

de Hoochstohl

дзіцячае крэселка

de Reken

рахунак

dat Tablett

паднос

dat Mess

нож

de Gavel

відэлец

de Lepel

лыжка

de Teelepel

чайная лыжка

dat Munddook

сурвэтка

dat Glas

шклянка

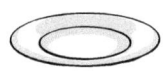

de Töller

талерка

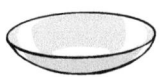

de Suppentöller

супавая талерка

de Ünnertass

сподак

de Sooß

соус

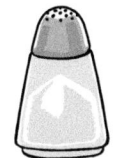

de Soltstreuer

сальніца

de Pepermöhl

млынок для перцу

de Etig

воцат

dat Ööl

алей

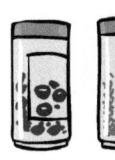

de Krüder

спецыі

de Ketchup

кетчуп

de Mostrich

гарчыца

de Mayonnaise

маянэз

de Supermarkt

супермаркет

dat Anbott
акцыя
FOR
de Kunn
пакупнік
de Melkprodukten
малочныя прадукты
dat Aaft
садавіна
de Inkoopswagen
вазок

BUTCHERS

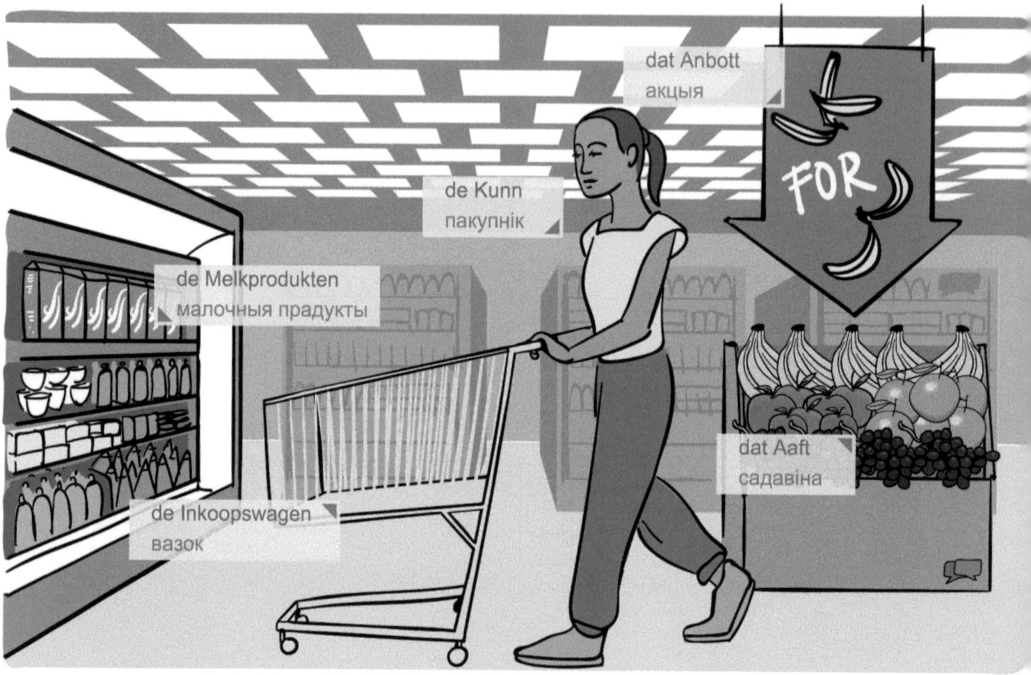

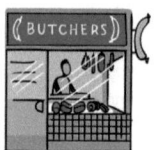

de Slachterie

мясная крама

BAKERY

de Bäckerie

хлебны магазін

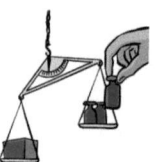

wegen

важыць

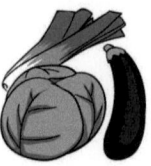

de Gröönsaken

гароднiна

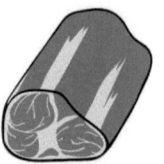

dat Fleesch

мяса

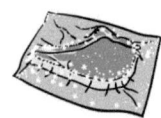

de Deepköhlkost

свежазамарожаныя прадукты

de Opsnitt

нарэзка

de Konserven

кансервы

de Waschmiddel

пральны парашок

de Snoopkraam

прысмакі

de Huushooltssaken

хатнія прылады

de Reinmaaktüüch

чысцячы сродак

de Verköpersche

прадавец

de Kass

каса

de Kasserer

касір

de Inkoopslist

спіс пакупак

de Opsparrtieden

гадзіны працы

de Breeftasch

бумажнік

de Kreditkoort

крэдытная картка

de Tasch

сумка

de Plastiktüüt

пакет

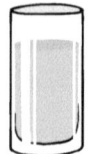

dat Water

вада

de Saft

сок

de Melk

малако

de Cola

кола

de Wien

віно

dat Beer

піва

de Spriet

алкаголь

de Kakao

какава

de Tee

гарбата (чай)

de Koffie

кава

de Espresso

эспрэса

de Cappucino

капучына

de Banaan

банан

de Appel

яблык

de Appelsien

апельсін

de Meloon

дыня

de Zitroon

лімон

de Wöttel

морква

de Knuuvlook

часнок

de Bambus

бамбук

de Zibbel

цыбуля

de Poggenstohl

грыб

de Nööt

арэхi

de Nudeln

локшына

de Spaghetti

спагеці

de Ries

рыс

de Salat

салата

de Pommes frites

бульба фры

de Braadkantüffeln

смажаная бульба

de Pizza

піца

de Hamborger

гамбургер

dat Sandwich

бутэрброд

dat Snitzel

шніцаль

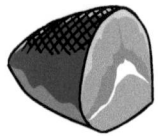

de Schinken

вяндліна

de Salami

салямі

de Wust

каўбаса

dat Hohn

курыца

de Braden

смажаніна

de Fisch

рыбак

de Haverflocken

аўсяныя камякі

dat Müsli

мюслі

de Cornflakes

кукурузныя шматкі

dat Mehl

мука

de Croissant

круасан

dat Rundstück

булачка

dat Broot

хлеб

dat Toast

тост

de Keksen

пячэнне

de Botter

масла

de Quark

тварог

de Koken

пірог

dat Ei

яйка

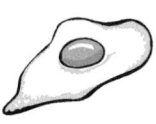

dat Spegelei

яечня

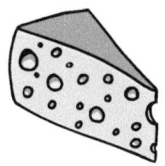

de Kees

сыр

de Ies

марожанае

de Zucker

цукар

de Honnig

мёд

de Marmelaad

варэнне

de Nougat-Creme

нуга

dat Curry

кары

de Buernhoff
сядзіба

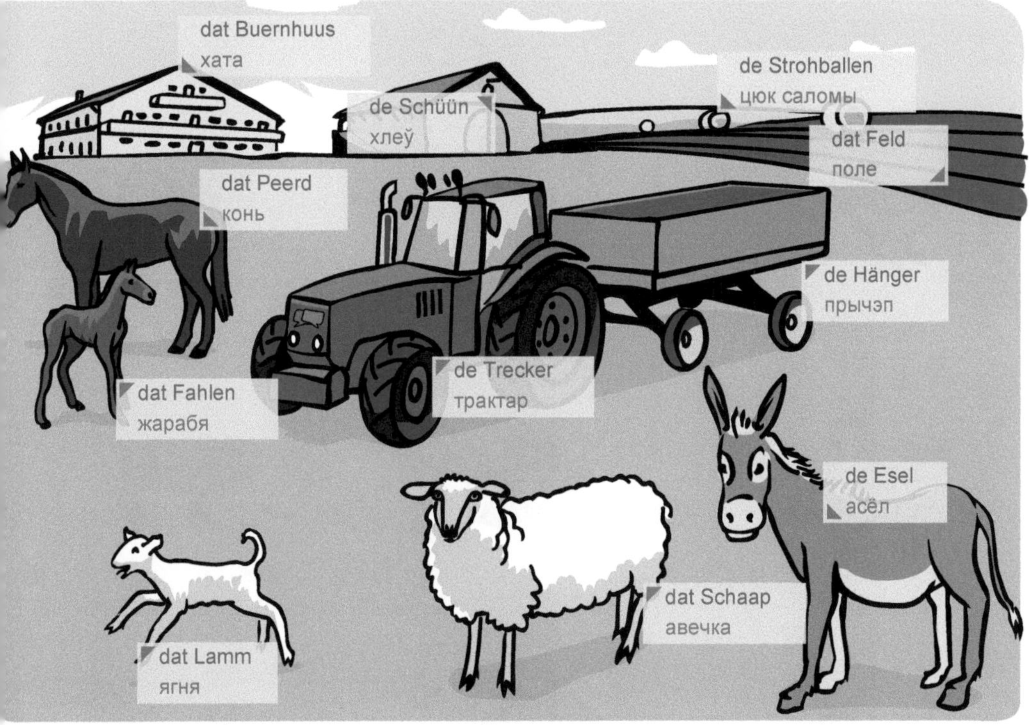
dat Buernhuus
хата
de Schüün
хлеў
de Strohballen
цюк саломы
dat Feld
поле
dat Peerd
конь
de Hänger
прычэп
de Trecker
трактар
dat Fahlen
жарабя
de Esel
асёл
dat Schaap
авечка
dat Lamm
ягня

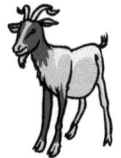

de Zeeg

каза

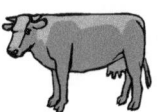

de Koh

карова

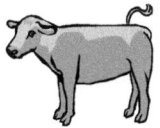

dat Kalf

цяля

dat Swien

свiння

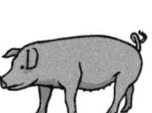

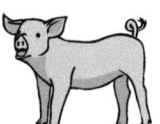

dat Farken

парася

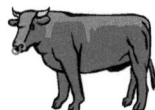

de Bull

бык

de Goos

гусак

de Aant

качка

dat Küken

кураня

dat Hohn

курыца

de Hahn

певень

de Rott

пацук

de Katt

кот

de Muus

мыш

de Oss

вол

de Hund

сабака

de Hunnenhütt

сабачая будка

de Goornslauch

садовы шланг

de Geetkann

палівачка

de Lee

каса

de Ploog

плуг

de Sich

серп

de Hack

матыка

de Mestfork

вілы для гною

de Ext

сякера

de Schuufkoor

тачка

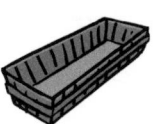

de Trog

карыта

de Melkkann

бітон для малака

de Sack

мех

de Tuun

плот

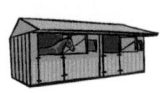

de Stall

хлеў

dat Drievhuus

цяпліца

de Bodden

глеба

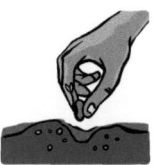

de Saat

насенне

de Dünger

угнаенне

de Meihdöscher

камбайн

oornen

збіраць ураджай

de Oorn

ураджай

de Yamswöttel

ямс

de Weten

пшаніца

dat Soja

соя

de Kantüffel

бульба

de Törksche Weten

кукуруза

de Rapp

рапс

de Aaftboom

садовае дрэва

de Troopsch Kantüffel

маніёк

dat Koorn

збожжа

dat Huus
дом

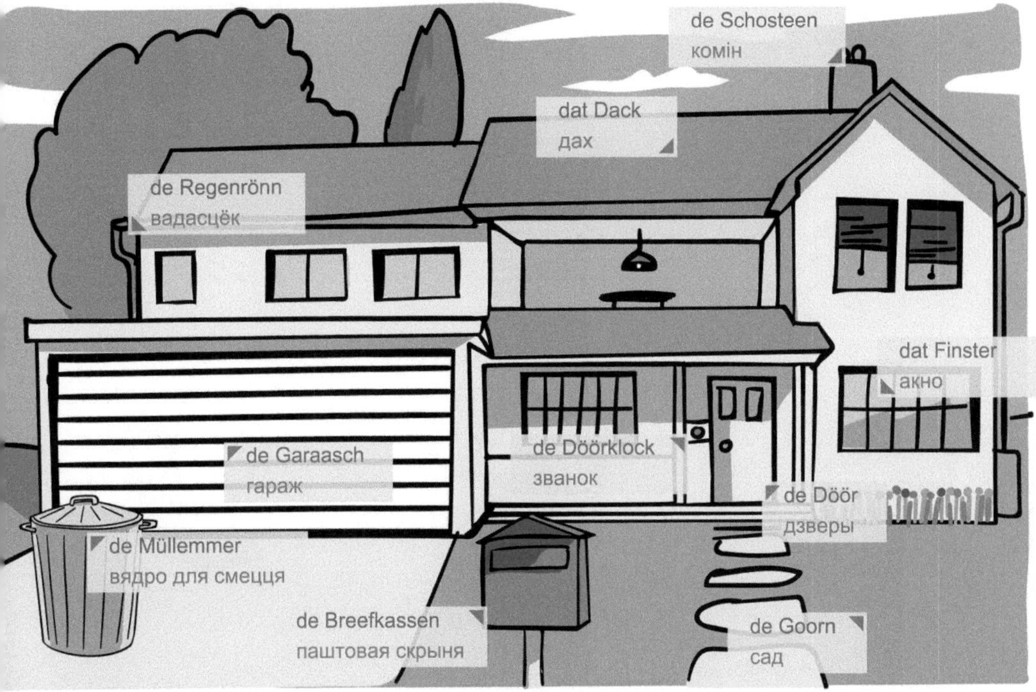
de Schosteen
комін
dat Dack
дах
de Regenrönn
вадасцёк
dat Finster
акно
de Garaasch
гараж
de Döörklock
званок
de Döör
дзверы
de Müllemmer
вядро для смецця
de Breefkassen
паштовая скрыня
de Goorn
сад

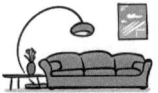

de Wahnstuuv

жылы пакой

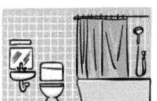

de Baadstuuv

ванная

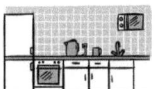

de Köök

кухня

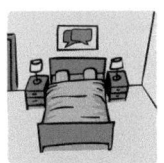

de Slaapstuuv

спальны пакой

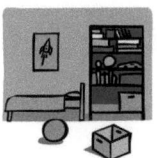

de Kinnerstuuv

дзіцячы пакой

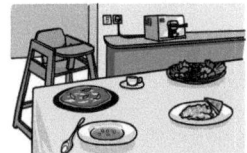

de Eetstuuv

сталоўка

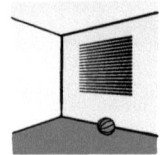

de Footbodden
падлога

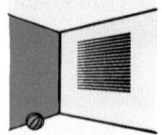

de Wand
сцяна

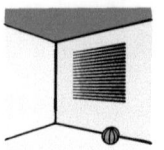

de Deek
столь

de Keller
падвал

dat Hittluftbad
саўна

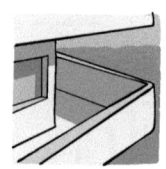

de Balkon
балкон

de Terrass
тэраса

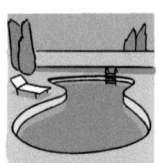

dat Swümmbad
басейн

de Rasenmeiher
касілка

de Bettbetog
падкоўдранік

de Bettdeek
коўдра

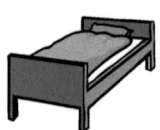

de Puuch
ложак

de Bessen
венік

de Emmer
вядро

de Schalter
выключальнік

de Wahnstuuv

жылы пакой

de Tapeet
шпалеры
dat Bild
малюнак
de Lamp
лямпа
dat Regal
паліца
dat Schapp
шафа
de Kiekkassen
тэлевізар
de Kamin
камін
de Bloom
кветка
dat Küssen
падушка
dat Sofa
канапа
de Vaas
ваза
de Feernbedenen
пульт

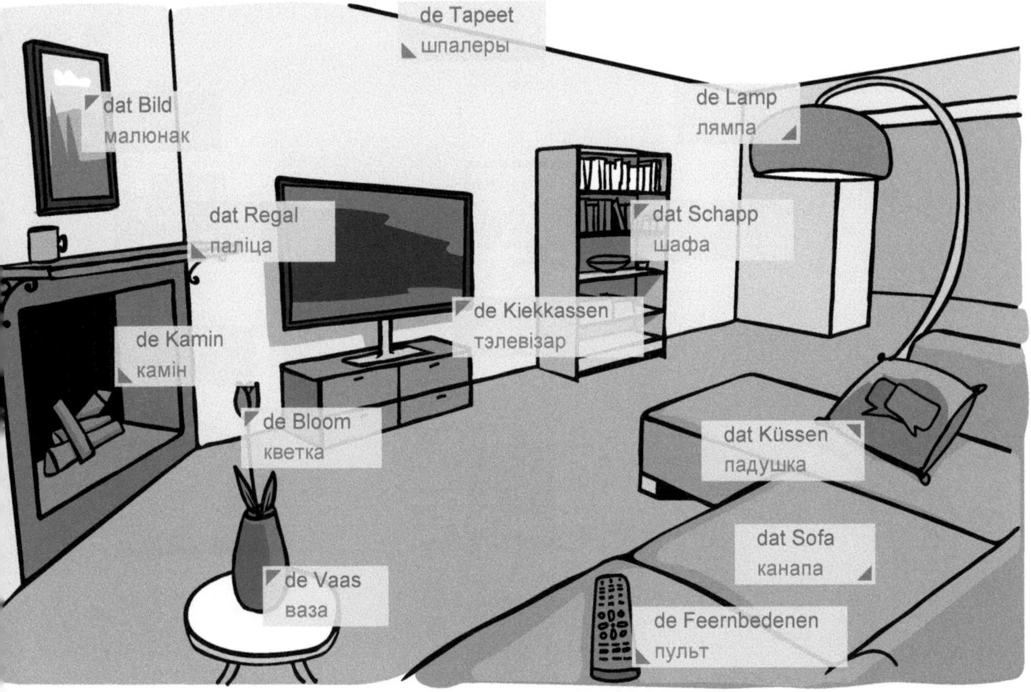

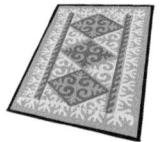

de Teppich

дыван

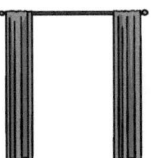

de Vörhang

фіранка

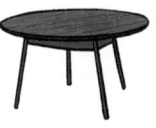

de Disch

стол

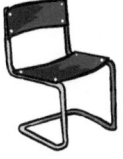

de Stohl

крэсла

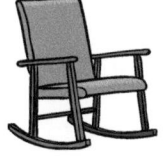

de Schuckelstohl

крэсла-качалка

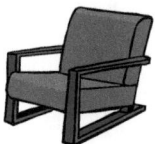

de Sessel

крэсла

dat Book

кніга

de Deek

коўдра

de Dekoratschoon

дэкарацыя

dat Füerholt

дровы

de Film

кіно

de Stereoanlaag

стэрэасістэма

de Slötel

ключ

dat Narichtenblatt

газета

dat Gemälde

карціна

dat Poster

постар

dat Radio

радыё

de Opschrievblock

нататнік

de Huulbessen

пыласос

de Kaktus

кактус

de Kars

свечка

de Köök

кухня

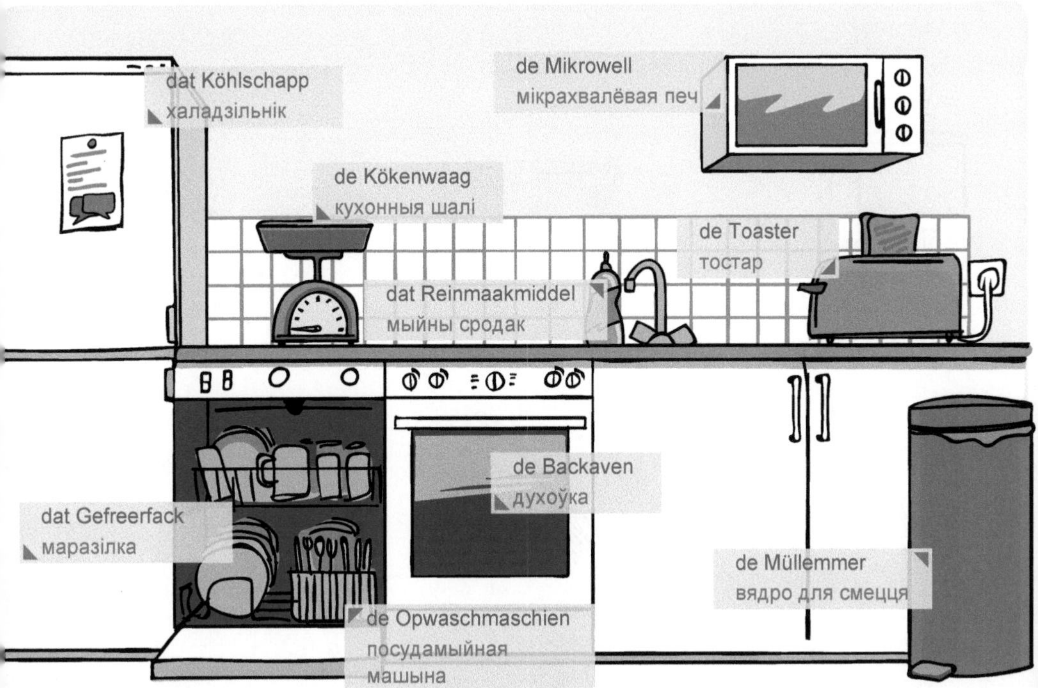

dat Köhlschapp
халадзільнік
de Mikrowell
мікрахвалёвая печ
de Kökenwaag
кухонныя шалі
de Toaster
тостар
dat Reinmaakmiddel
мыйны сродак
de Backaven
духоўка
dat Gefreerfack
маразілка
de Müllemmer
вядро для смецця
de Opwaschmaschien
посудамыйная
машына

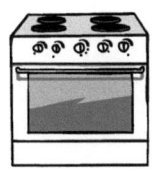

de Heerd

пліта

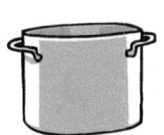

de Pott

рондаль

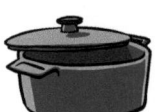

de Gussiesern Putt

чыгунок

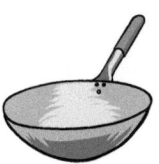

de Wok / Kadai

Вок / кадаі

de Pann

патэльня

de Waterkaker

чайнік

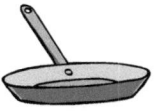

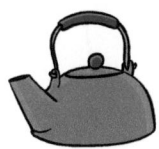

de Dampkaakputt

параварка

dat Backblick

бляха

dat Geschirr

посуд

de Beker

кубак

de Schaal

міска

de Eetsticken

палачкі для ежы

de Suppenkell

чарпак

de Pannenwenner

лапатачка

de Sneebessen

збівалка

dat Kaakseef

сіта для варэння

dat Seef

сіта

de Riev

тарка

de Mörser

ступка

de Grill

грыль

de Füerstell

вогнішча

dat Sniedbrett

дошка

dat Nudelholt

качалка

de Proppentrecker

штопар

de Doos

бляшанка

de Dosenaapner

адкрывалка

de Pottlappen

прыхваткі

dat Waschbecken

ракавіна

de Böst

шчотка

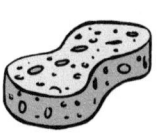

de Swamm

губка

de Mixer

міксер

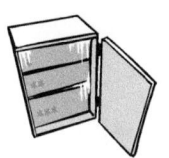

dat lesschapp

маразільная камера

de Nuckelbuddel

бутэлечка

de Waterhahn

вадаправодны кран

de Baadstuuv

ванная

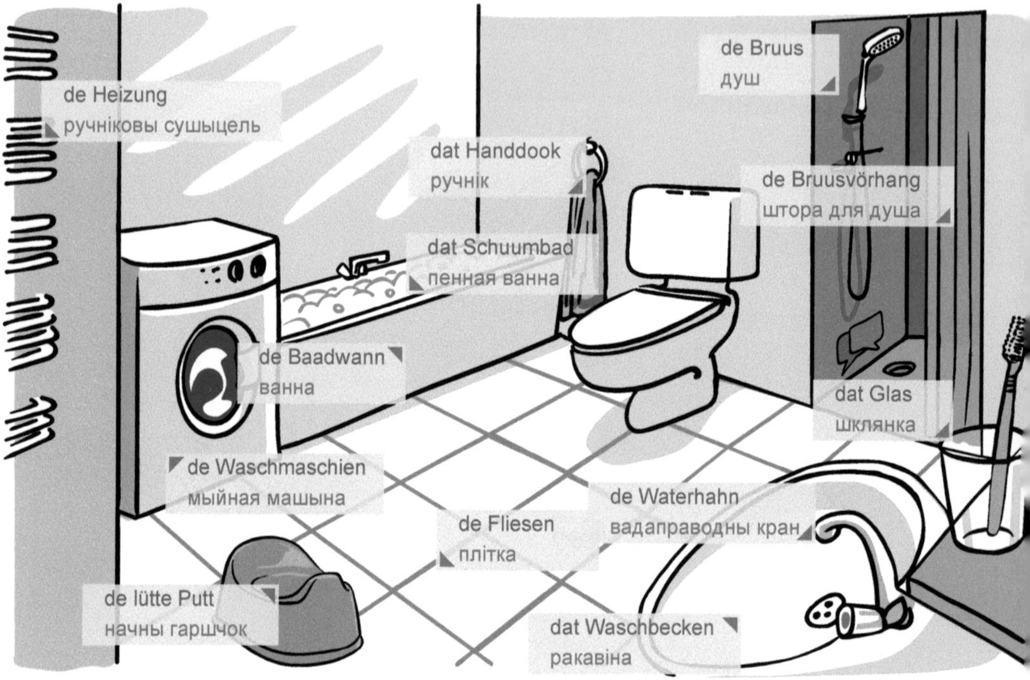
de Heizung
ручніковы сушыцель
dat Handdook
ручнік
de Bruus
душ
de Bruusvörhang
штора для душа
dat Schuumbad
пенная ванна
de Baadwann
ванна
dat Glas
шклянка
de Waschmaschien
мыйная машына
de Waterhahn
вадаправодны кран
de Fliesen
плітка
de lütte Putt
начны гаршчок
dat Waschbecken
ракавіна

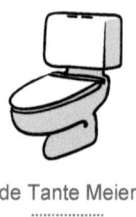

de Tante Meier

туалет

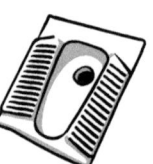

de Hockklo

падлогавы ўнітаз

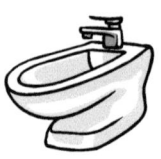

dat Bidet

бідэ

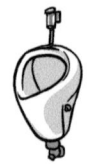

dat Miegbecken

пісуар

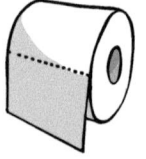

dat Klopapeer

туалетная папера

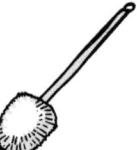

de Kloböst

шчотка для чысткі ўнітаза

de Tähnböst
зубная шчотка

de Tähnpast
зубная паста

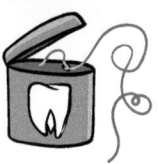

de Tähnsied
зубная нітка

waschen
мыць

de Handbruus
ручны душ

de Intimbruus
інтымны душ

de Waschschöttel
умывальнік

de Rüchböst
шчотка для спіны

de Seep
мыла

dat Bruusgeel
гель для душа

dat Hoorwaschmiddel
шампунь

de Waschlappen
вяхотка

de Afloop
вадасцёк

de Creme
крэм

dat Deodorant
дэзадарант

de Spegel

люстэрка

de Kosmetikspegel

касметычнае люстэрка

de Raserer

станок для галення

de Raseerschuum

пена для галення

dat Raseerwater

ласьён пасля галення

de Kamm

грэбень

de Böst

шчотка

de Hoordröger

фен

dat Hoorspray

лак для валасоў

de Smink

касметыка

de Lippensticken

памада

de Nagellack

лак для пазногцяў

de Watt

вата

de Nagelscheer

манікюрныя нажніцы

dat Rüükwater

духі

de Kulturbüdel

касметычка

de Schemel

табурэтка

de Waag

вагі

de Baadmantel

лазневы халат

de Gummihanschen

санітарныя пальчаткі

de Tampon

тампон

de Damenbinn

гігіенічныя пракладкі

dat Chemieklo

біятуалет

de Kinnerstuuv

дзіцячы пакой

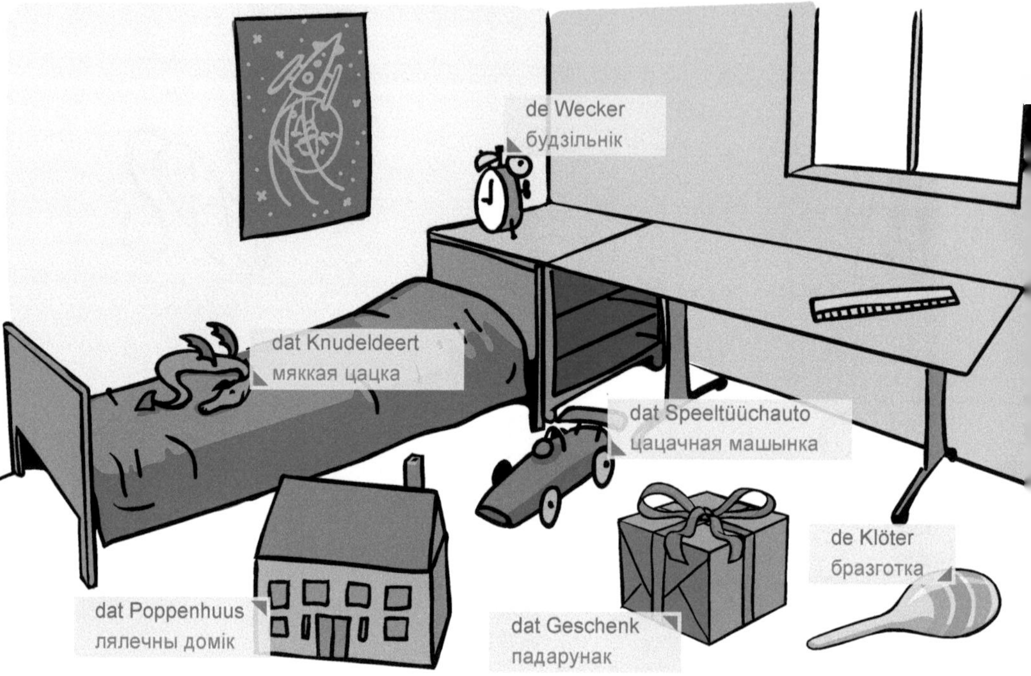
de Wecker
будзільнік
dat Knudeldeert
мяккая цацка
dat Speeltüüchauto
цацачная машынка
de Klöter
бразготка
dat Poppenhuus
лялечны домік
dat Geschenk
падарунак

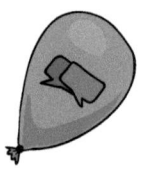

de Luftballon

надзіманы шарык

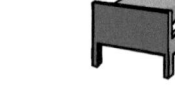

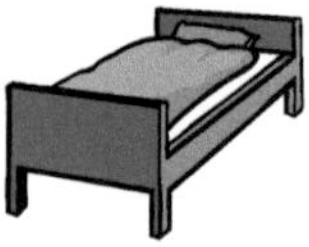

de Puuch

ложак

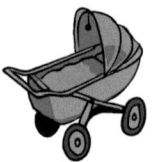

de Kinnerwagen

дзіцячая каляска

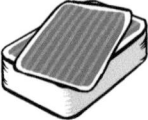

dat Koortenspeel

калода картаў

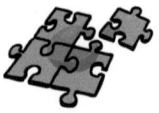

dat Puzzle

пазл

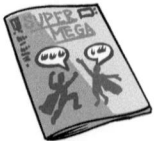

de Billergeschicht

комікс

de Legostenen

канструктар "Лега"

de Bustenen

канструктар

de Action-Figur

экшэн-фігурка

de Strampelantog

дзіцячы гарнітур

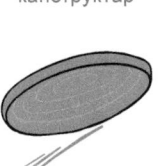

de Frisbeeschiev

фрызбі

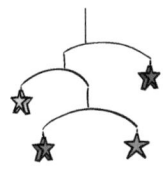

dat Mobile

дзіцячы мабіль

dat Brettspeel

настольная гульня

de Wörpel

кубік

de Modelliesenbahn

дзіцячая чыгунка

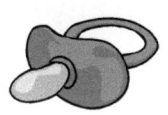

de Snuller

пустышка

de Party

дзіцячае свята

dat Billerbook

кніга з малюнкамі

de Ball

мячык

de Popp

лялька

spelen

гуляцца

de Sandkassen

пясочніца

de Schuckel

арэлі

dat Speeltüüch

цацкі

de Speelkonsool

гульнявая відэа прыстаўка

dat Dreerad

трохколавы ровар

de Teddyboor

плюшавы мішка

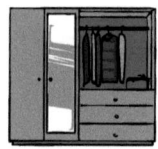

dat Klederschapp

шафа

dat Tüüch

адзенне

de Socken

шкарпэткі

de Strümp

панчохі

de Strumpbüx

калготкі

dat Halsdook
шалік

de Paraplü
парасон

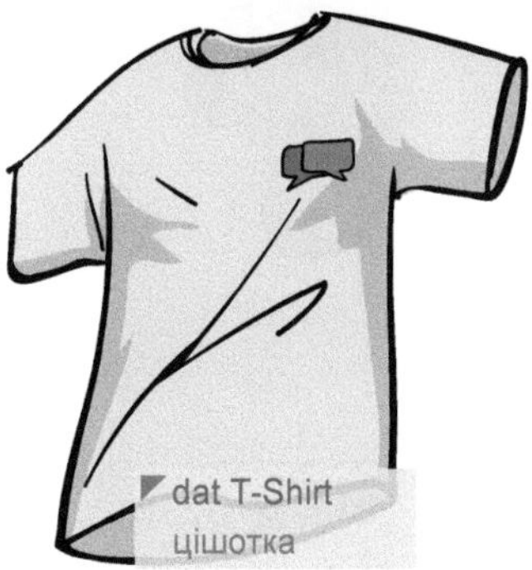

dat T-Shirt
цішотка

de Liefreem
рамень

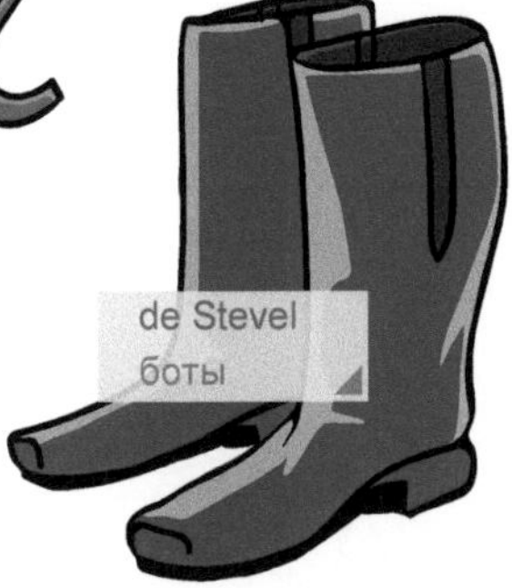

de Stevel
боты

de Puuschen
пантоплі

de Turnschoh
красоўкі

de Sandalen
....
сандалі

de Schoh
....
абутак

de Gummistevel
....
гумовыя боты

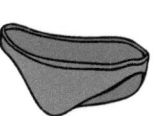

de Ünnerbüx
....
трусы

de Bostholler
....
бюстгальтар

dat Ünnerhemd
....
майка

de Lief

бодзі

de Büx

штаны

de Jeansnüx

джынсы

de Rock

спадніца

de Bluus

блузка

dat Hemd

кашуля

de Pullover

джэмпер

de Kapuzenpullover

талстоўка

de Blazer

блэйзер

de Jack

куртка

de Mantel

паліто

de Övertrecker

дажджавік

dat Kostüm

касцюм

dat Kleed

сукенка

dat Hochtietskleed

вясельная сукенка

de Antog

касцюм

dat Nachtkleed

начная сарочка

de Slaapantog

піжама

de Sari

сары

dat Koppdook

хустка

de Turban

цюрбан

de Burka

паранджа

de Kaftan

кафтан

de Abaya

Абая

de Baadantog

купальнік

de Baadbüx

плаўкі

de Korte Büx

шорты

de Antog to'n Öven

спартыўны касцюм

de Schört

фартух

de Handschoh

пальчаткі

de Knopp

гузік

de Brill

акуляры

dat Armband

бранзалет

de Halskeed

каралі

de Ring

кальцо

de Ohrbummel

завушніца

de Mütz

кепка

de Klederbögel

вешалка

de Hoot

капялюш

de Binner

гальштук

de Rietslüter

маланка

de Helm

шлем

dat Drachtband

падцяжкі

de Schooluniform

школьная форма

de Uniform

уніформа

de Severböten

нагруднік

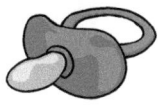

de Snuller

пустышка

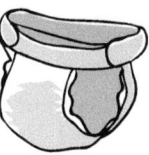

de Winnel

падгузнік

dat Büro

офіс

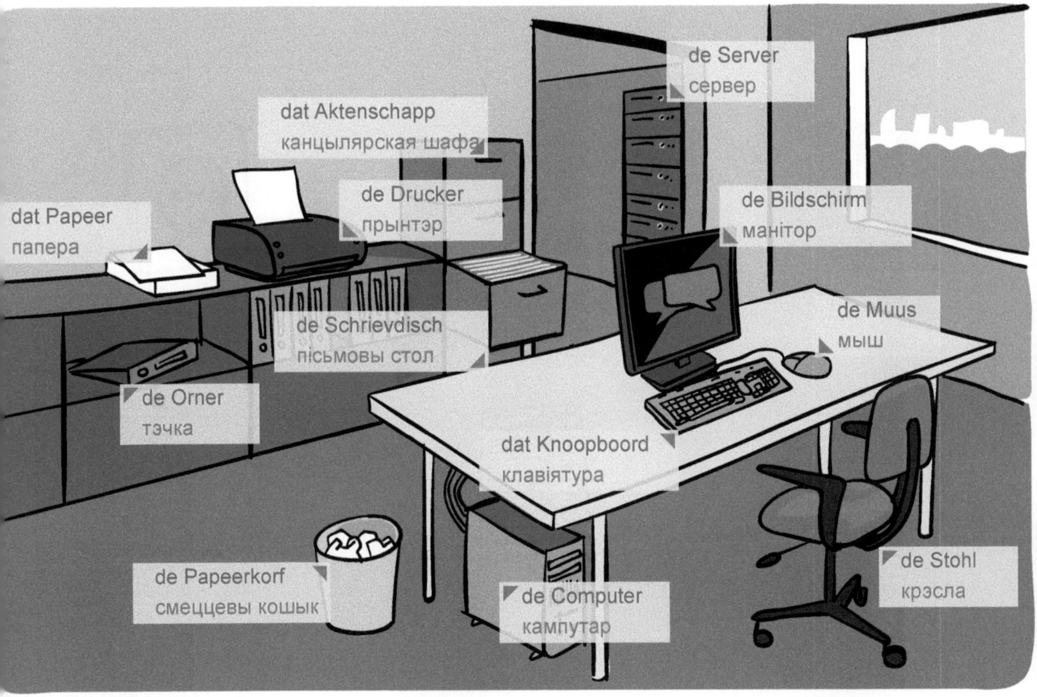

de Server
сервер

dat Aktenschapp
канцылярская шафа

de Drucker
прынтэр

de Bildschirm
манітор

dat Papeer
папера

de Schrievdisch
пісьмовы стол

de Muus
мыш

de Orner
тэчка

dat Knoopboord
клавіятура

de Papeerkorf
смеццевы кошык

de Computer
кампутар

de Stohl
крэсла

de Koffiebeker

кубак для кавы (філіжанка)

de Taschenreekner

калькулятар

dat Internet

інтэрнэт

de Klappreekner

ноўтбук

de Breef

ліст

de Naricht

паведамленне

de Ackersnacker

мабільны тэлефон

dat Nettwark

сетка

de Kopeerapparat

ксеракс

de Software

праграмнае забеспячэнне

de Klöönkassen

тэлефон

de Steekdoos

разетка

de Faxapparat

факс

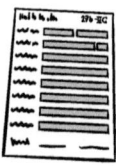

dat Formulor

фармуляр

dat Dokument

дакумент

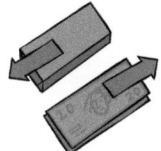

köpen

купляць

betahlen

плаціць

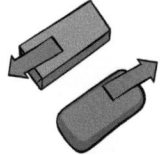

hanneln

гандляваць

dat Geld

грошы

de Dollar

долар

de Euro

еўра

de Yen

ена

de Ruvel

рубель

de Swiezer Franken

франк

de Renminbi Yuan

кітайскі юань

de Rupie

рупія

de Geldautomat

банкамат

de Wesselstuuv

абменны пункт

dat Gold

золата

dat Sülver

срэбра

dat Ööl

нафта

de Energie

энергія

de Pries

цана

de Verdrag

кантракт

de Stüer

падатак

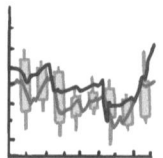

de Andeelschien

акцыя

arbeiden

працаваць

de Anstellte

служачы

de Arbeitgever

працадаўца

de Fabrik

фабрыка

de Hökerie

крама

de Profeschonen

прафесіі

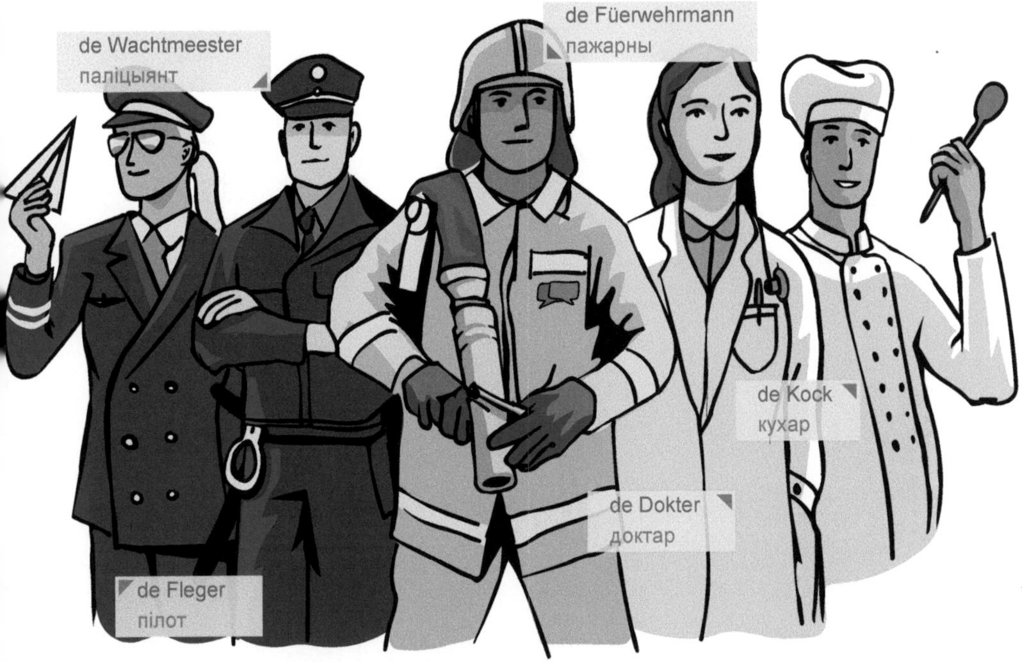
de Wachtmeester
паліцыянт
de Füerwehrmann
пажарны
de Kock
кухар
de Dokter
доктар
de Fleger
пілот

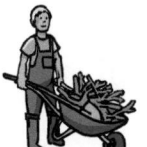

de Goorner

садоўнік

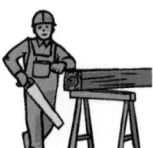

de Discher

слесар

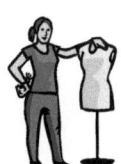

de Neihersche

швачка

de Richter

суддзя

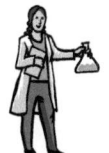

de Chemiker

хімік

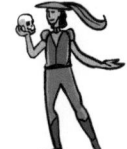

de Schauspeler

артыст

de Busfohrer

кіроўца аўтобуса

de Taxifohrer

таксіст

de Fischer

рыбак

de Reinmaakfru

прыбіральшчыца

de Dackdecker

страхар

de Kellner

афіцыянт

de Jäger

паляўнічы

de Maler

мастак

de Bäcker

пекар

de Elektriker

электрык

de Buarbeider

будаўнік

de Ingenieur

інжынер

de Slachter

мяснік

de Klempner

сантэхнік

de Postbüdel

паштальён

de Suldat

салдат

de Architekt

архітэктар

de Kasserer

касір

de Florist

фларыст

de Putzbüdel

цырульнік

de Schaffner

кандуктар

de Mechaniker

механік

de Kaptein

капітан

de Tähndokter

стаматолаг

de Wetenschopler

вучоны

de Rabbi

рабін

de Imam

імам

de Mönk

манах

de Paap

святар

dat Warktüüch

інструменты

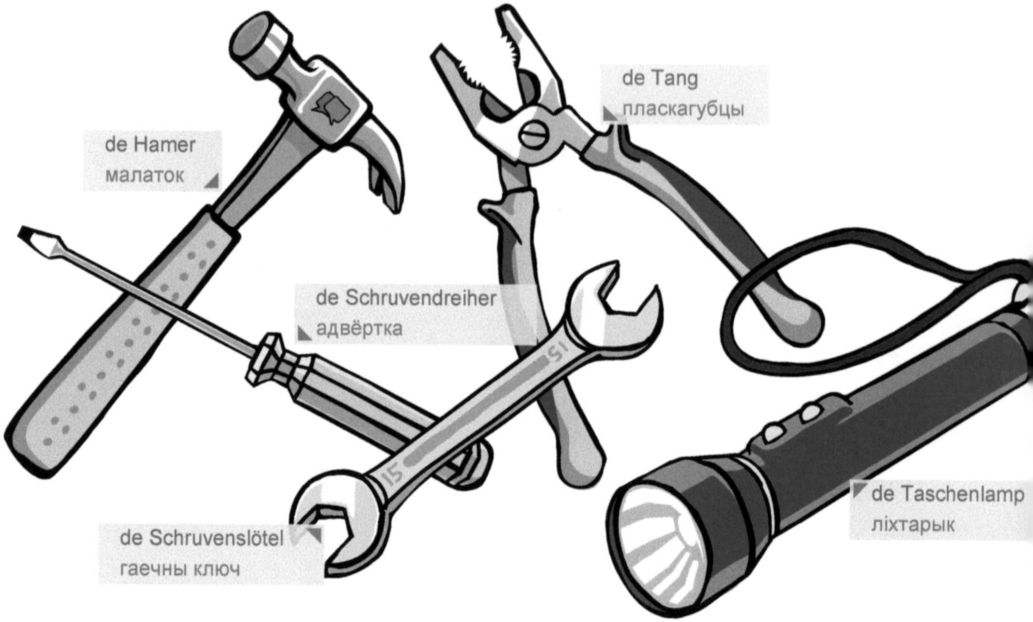

de Tang
пласкагубцы
de Hamer
малаток
de Schruvendreiher
адвёртка
de Taschenlamp
ліхтарык
de Schruvenslötel
гаечны ключ

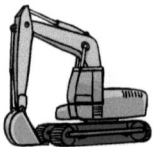

de Grieper

экскаватар

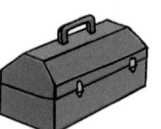

de Warktüüchkassen

скрыня для інструментаў

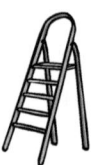

de Ledder

дравіны

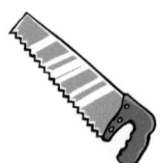

de Saag

піла

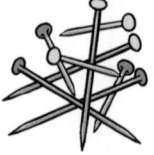

de Nagels

цвікі

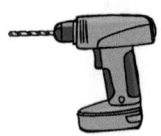

de Bohrer

дрыль

heelmaken

рамантаваць

de Schüffel

рыдлеўка

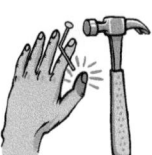

Schiet!

Халера!

dat Kehrblick

шуфлік для смецця

de Farvpott

вядро з фарбаю

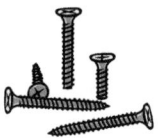

de Schruven

балты

de Musikinstrumenten
музычныя інструменты

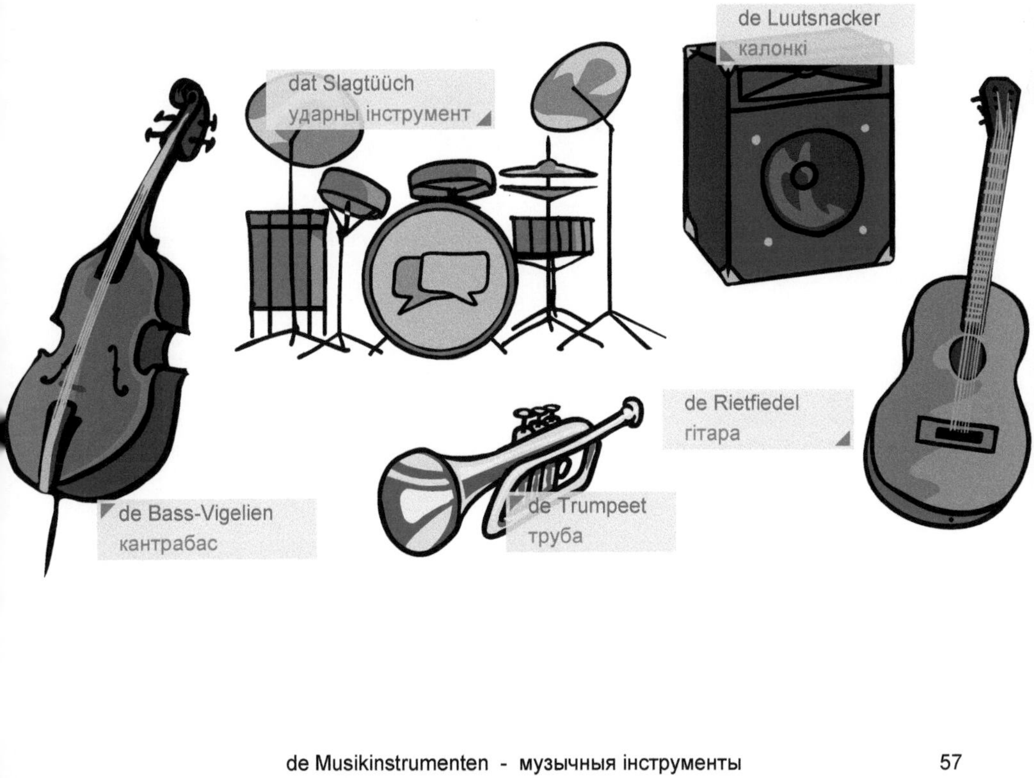

dat Slagtüüch
ударны інструмент

de Luutsnacker
калонкі

de Bass-Vigelien
кантрабас

de Trumpeet
труба

de Rietfiedel
гітара

dat Klaveer

піяніна

de Vigelien

скрыпка

de Bass

басгітара

de Pauk

літаўры

de Trummeln

барабан

dat Keyboard

клавішны электрамузычны
інструмент

dat Saxophon

саксафон

de Fleut

флейта

dat Mikrofoon

мікрафон

de Deertenpark

заапарк

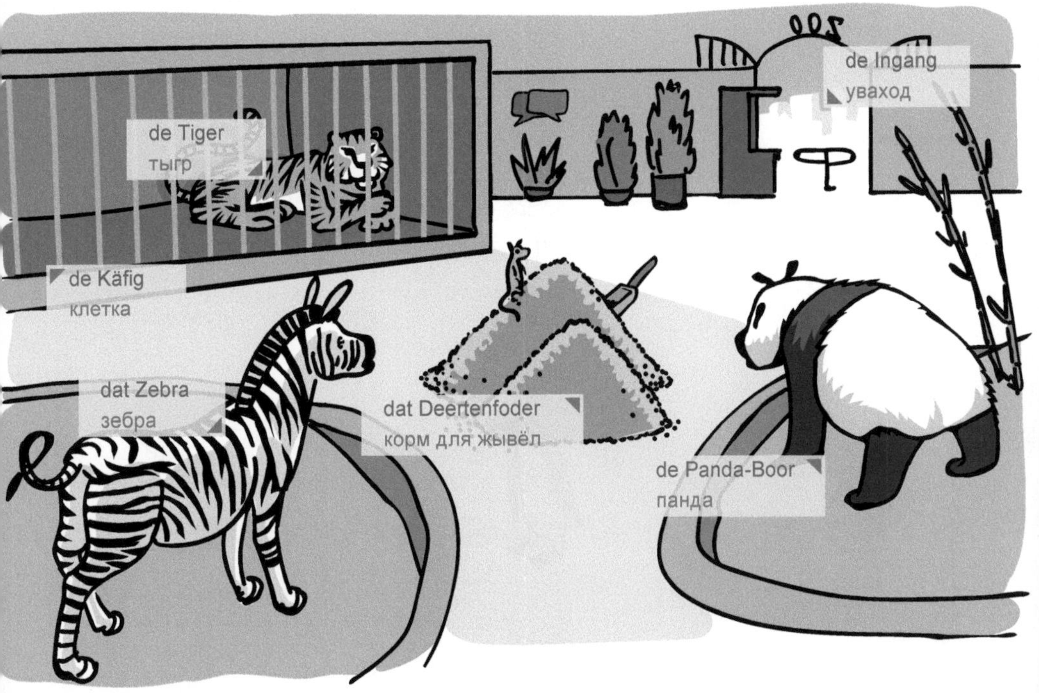

de Ingang
уваход
de Tiger
тыгр
de Käfig
клетка
dat Zebra
зебра
dat Deertenfoder
корм для жывёл
de Panda-Boor
панда

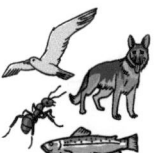

de Deerten

жывёлы

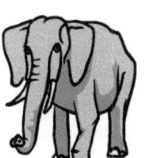

de Elefant

слон

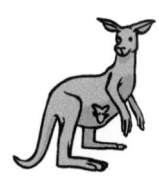

dat Känguru

кенгуру

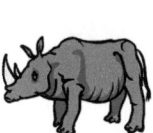

dat Neeshoorn

насарог

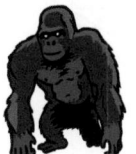

de Gorilla

гарыла

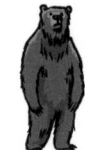

de Boor

мядзведзь

dat Kameel

вярблюд

de Struuß

стравус

de Lööv

леў

de Aap

малпа

de Flamingo

фламінга

de Papagoi

папугай

de Iesboor

белы мядзведзь

de Pinguin

пінгвін

de Haifisch

акула

de Pageluun

паўлін

de Slang

змяя

dat Krokodil

кракадзіл

de Oppasser in'n
Deertenpark

наглядчык заапарка

de Saalhund

цюлень

de Jaguor

ягуар

dat Pony

поні

de Leopard

леапард

dat Nilpeerd

бегемот

de Giraff

жыраф

de Aadler

арол

dat Wildswien

дзік

de Fisch

рыбак

de Schildkrööt

чарапаха

dat Walross

морж

de Voss

ліса

de Gazell

газель

de Amerikaansch Football
амерыканскі футбол

dat Radfohren
веласпорт

dat Tennis
тэніс

de Korfball
баскетбол

dat Swümmen
плаванне

dat Boxen
бокс

dat Ieshockey
хакей з шайбай

de Football
футбол

dat Fedderball
бадмінтон

de Leichtathletik
лёгкая атлетыка

de Handball
гандбол

dat Skilopen
горныя лыжы

dat Polo
пола

de Aktivitäten
дзейнасць

lachen
смяяцца
springen
скакаць
ümarmen
абдымаць
gahn
ісці
singen
спяваць
drömen
марыць
beden
маліцца
snuteln
цалаваць

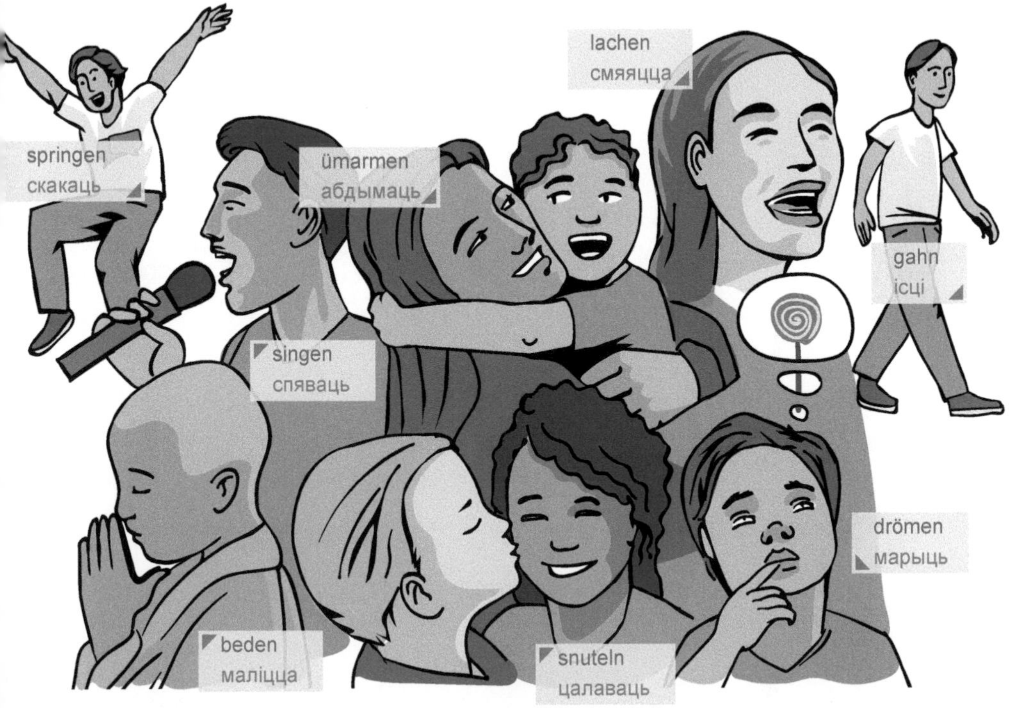

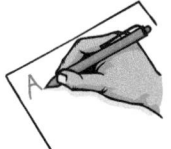

schrieven
пісаць

teken
маляваць

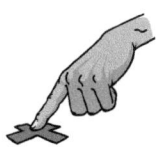

wiesen
паказваць

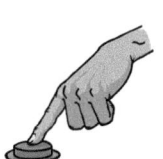

drücken
націснуць

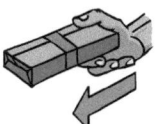

geven
даваць

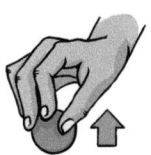

nehmen
браць

hebben

маць

doon

выконваць

sien

быць

stahn

стаяць

lopen

бегчы

trecken

цягнуць

smieten

кідаць

fallen

падаць

liggen

ляжаць

töven

чакаць

dregen

насіць

sitten

сядзець

antrecken

апранацца

slapen

спаць

opwaken

прачынацца

ankieken

глядзець

wenen

плакаць

eien

лашчыць

kämmen

прычэсвацца

snacken

гаварыць

verstahn

разумець

fragen

пытаць

hören

чуць

drinken

піць

eten

есці

oprümen

прыбіраць

leefhebben

кахаць

kaken

гатаваць

fohren

ехаць

flegen

лятаць

segeln

плаваць пад ветразем

reken

лічыць

lesen

чытаць

lehren

вучыць

arbeiden

працаваць

de Plünnen tohoopsmieten

уступаць у шлюб

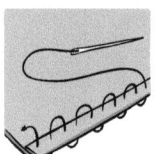

neihen

шыць

Tähnen putzen

чысціць зубы

dootmaken

забіваць

smöken

курыць

schicken

пасылаць

de Grootmoder
бабуля

de Grootvadder
дзядуля

de Vadder
бацька

de Moder
маці

at Winnelkind
зіця

de Dochter
дачка

de Söhn
сын

de Gast

госць

de Tant

цётка

de Unkel

дзядзька

de Broder

брат

de Süster

сястра

de Lief
цела

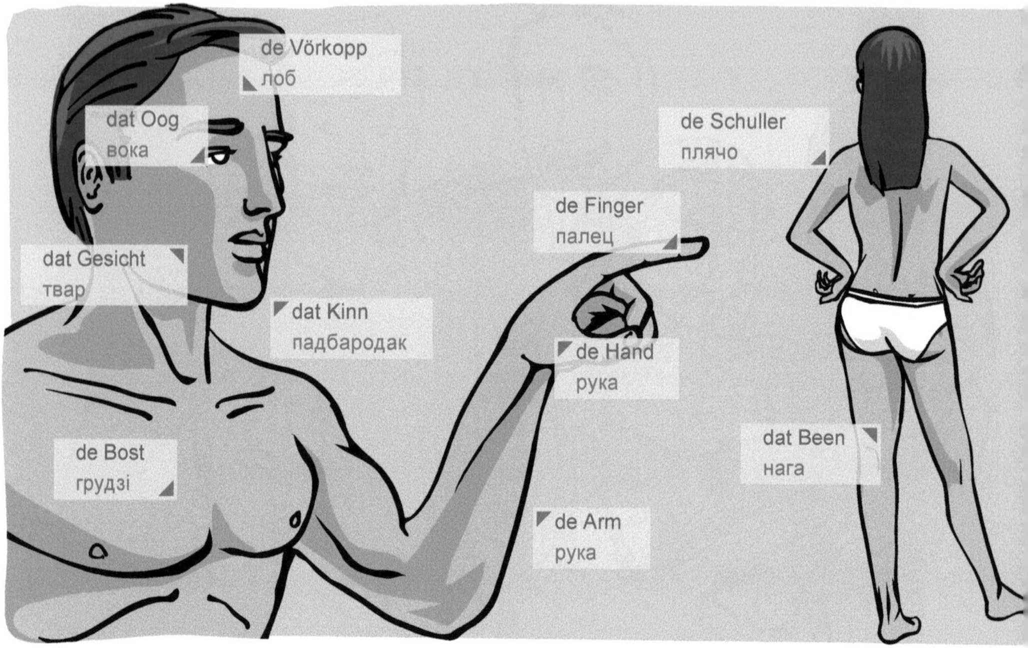

de Vörkopp
лоб

dat Oog
вока

de Schuller
плячо

de Finger
палец

dat Gesicht
твар

dat Kinn
падбародак

de Hand
рука

de Bost
грудзі

dat Been
нага

de Arm
рука

dat Winnelkind

дзіця

de Mann

мужчына

de Fro

жанчына

de Deern

дзяўчынка

de Jung

хлопчык

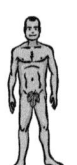

de Arm

галава

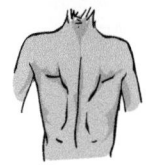

de Rüch

спіна

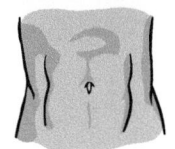

de Buuk

жывот

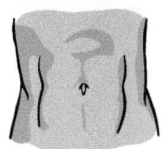

de Navel

пуп

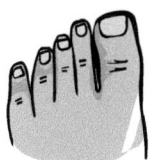

de Teh

палец нагі

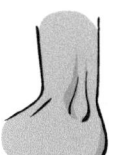

de Hack

пятка

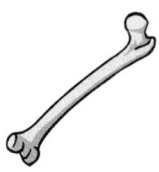

de Knaken

костка

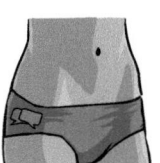

de Hüft

бядро

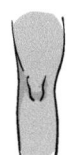

dat Knee

калена

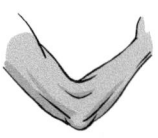

de Ellbagen

локаць

de Nees

нос

de Achtersen

ягадзіца

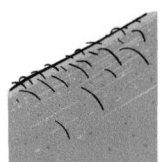

de Huut

скура

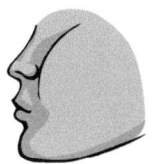

de Back

шчака

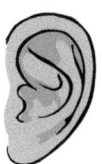

dat Ohr

вуха

de Lipp

губа

de Lief - цела

de Mund

рот

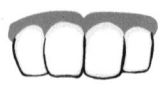

de Tähn

зуб

de Tung

язык

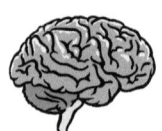

de Bregen

галаўны мозг

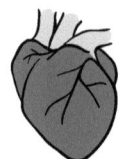

dat Hart

сэрца

de Muskel

мышца

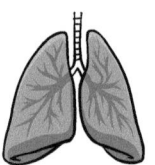

de Lung

лёгкае

de Lever

пячонка

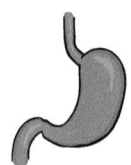

de Maag

страўнік

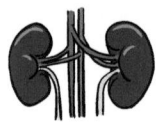

de Neren

ныркі

de Bislaap

сэкс

dat Kondoom

прэзерватыў

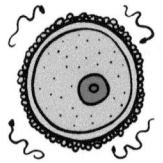

de Eizell

яйцаклетка

dat Sperma

сперма

de Anner Ümstänn

цяжарнасць

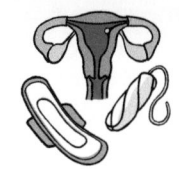

de Menstruatschoon

менструацыя

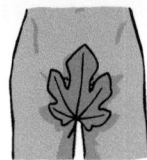

de Scheed

похва

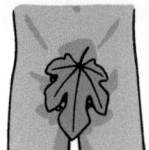

de Pint

пеніс

de Ogenbroe

брыво

dat Hoor

валасы

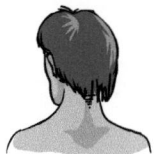

de Hals

шыя

de Lief - цела

dat Krankenhuus
шпіталь

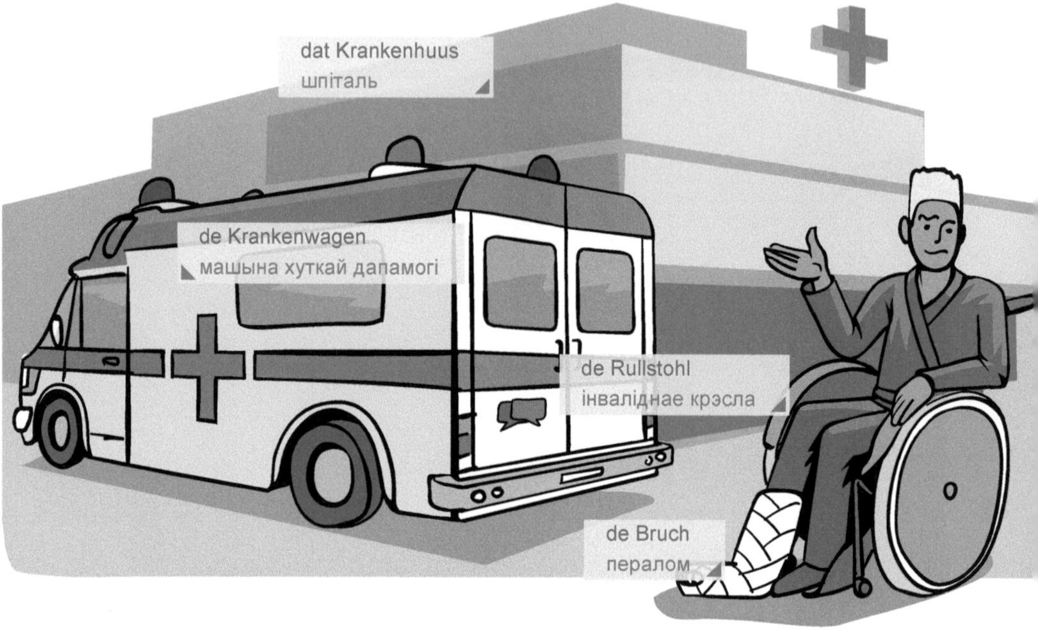

dat Krankenhuus
шпіталь
de Krankenwagen
машына хуткай дапамогі
de Rullstohl
інваліднае крэсла
de Bruch
пералом

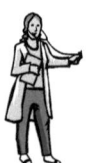

de Dokter

доктар

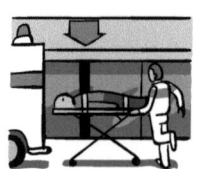

de Nootopnahm

аддзяленне першай дапамогі

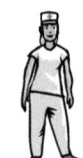

de Krankensüster

медсястра

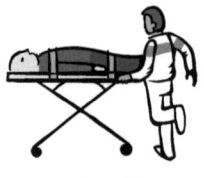

de Nootfall

экстраная дапамога

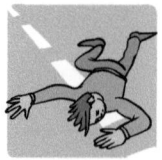

ahnmächtig

непрытомны

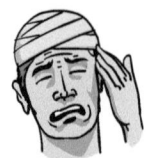

de Wehdaag

боль

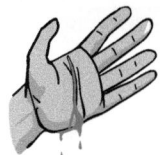

de Verwunnen

траўма

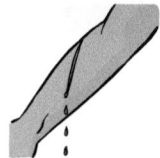

de Blöden

крывацёк

de Hartinfarkt

інфаркт

de Slaganfall

апаплексія

de Allergie

алергія

de Hoosten

кашаль

dat Fever

гарачка

de Gripp

грып

de Dörchfall

панос

de Koppwehdaag

галаўны боль

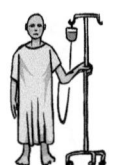

de Kreeft

рак

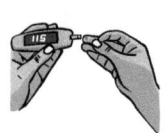

de Zuckersüük

дыябет

de Chirurg

хірург

dat Chirurgsch Mess

скальпель

de Operatschoon

аперацыя

dat CT

КТ

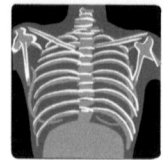

de Dörchlüchten

рэнтген

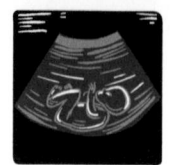

de Ultraschall

ультрагук

de Mask

маска

de Krankheit

хвароба

de Töövruum

пачакальня

de Krück

мыліца

dat Plaaster

пластыр

de Verband

бінт

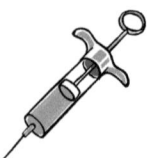

de Insprütten

ін'екцыя

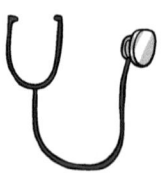

dat Stethoskop

стэтаскоп

de Draag

насілкі

dat Feverthermometer

градуснік

de Geboort

нараджэнне

dat Övergewicht

лішняя вага

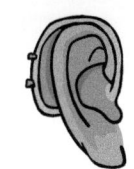

de Höörapparat

слухавы апарат

dat Kiemfriemiddel

дэзінфекцыйны сродак

de Ansteken

інфекцыя

de Virus

вірус

dat HIV / AIDS

ВІЧ/СНІД

dat Heelmiddel

лекі

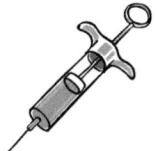

de Impen

прышчэпка

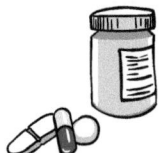

de Tabletten

таблеткі

de Pill

супрацьзачаткавая
таблетка

de Nootroop

экстраны выклік

de Blootdruck-Meter

танометр

krank / gesund

хворы / здаровы

Hölp!

Ратуйце!

de Alarm

сігналізацыя

de Överfall

напад

de Angreep

атака

de Gefohr

небяспека

de Nootutgang

аварыйны выхад

dat Füer!

Пажар!

de Füerlöscher

вогнетушыцель

de Unfall

аварыя

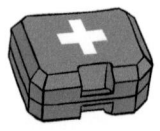

de Noothölpkoffer

аптэчка

SOS

СОС

de Polizei

паліцыя

Europa

Еўропа

Noordamerika

Паўночная Амерыка

Süüdamerika

Паўднёвая Амерыка

Afrika

Афрыка

Asien

Азія

Australien

Аўстралія

de Atlantik

Атлантычны акіян

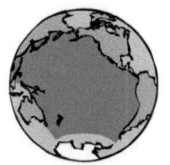

de Pazifik

Ціхі акіян

dat Indisch Weltmeer

Індыйскі акіян

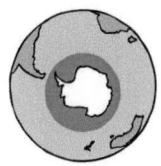

dat Antarktisch Weltmeer

Паўднёвы ледавіты акіян

dat Arktisch Weltmeer

Паўночны ледавіты акіян

de Noordpol

Паўночны полюс

de Süüdpol

Паўднёвы полюс

de Antarktis

Антарктыда

de Eerd

Зямля

dat Land

краіна

de See

мора

dat Eiland

востраў

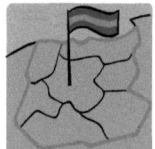

de Natschoon

нацыя

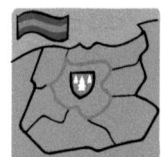

de Staat

дзяржава

dat Tallenblatt

цыферблат

de Stunnenwieser

гадзінная стрэлка

de Minutenwieser

хвілінная стрэлка

de Sekunnenwieser

секундная стрэлка

Wo laat is dat?

Колькі часу?

de Dag

дзень

de Tiet

час

nu

зараз

de digetaalsch Klock

электронны гадзіннік

de Minuut

хвіліна

de Stunn

гадзіна

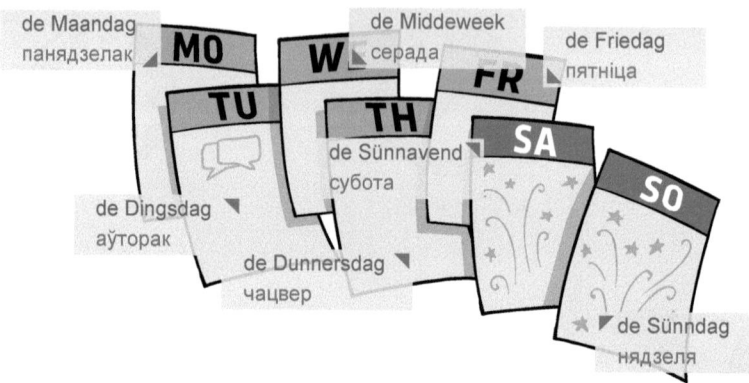

de Maandag — панядзелак
MO

de Middeweek — серада
W

de Friedag — пятніца
FR

TU

TH

de Sünnavend — субота
SA

SO

de Dingsdag — аўторак

de Dunnersdag — чацвер

de Sünndag — нядзеля

güstern

ўчора

hüüt

сёння

morgen

заўтра

de Morgen

раніца

de Meddag

абед

de Avend

вечар

MO	TU	WE	TH	FR	SA	SU
1	2	3	4	5	6	7
8	9	10	11	12	13	14
15	16	17	18	19	20	21
22	23	24	25	26	27	28
29	30	31	1	2	3	4

de Arbeitsdaag

працоўныя дні

MO	TU	WE	TH	FR	SA	SU
1	2	3	4	5	6	7
8	9	10	11	12	13	14
15	16	17	18	19	20	21
22	23	24	25	26	27	28
29	30	31	1	2	3	4

dat Wekenenn

выхадныя

dat Johr

год

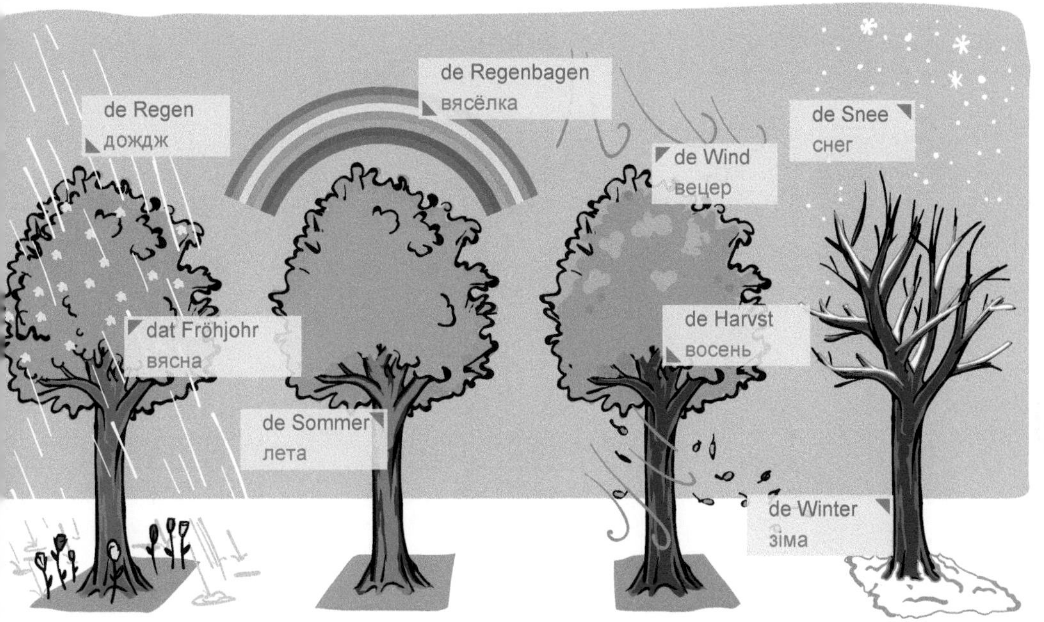

de Regen
дождж
de Regenbagen
вясёлка
de Snee
снег
de Wind
вецер
dat Fröhjohr
вясна
de Harvst
восень
de Sommer
лета
de Winter
зіма

4.APRIL 11°
5.APRIL 4°
6.APRIL 13°
7.APRIL 8°
8.APRIL 10°

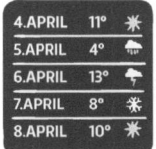

de Wedervörhersaag

прагноз надвор'я

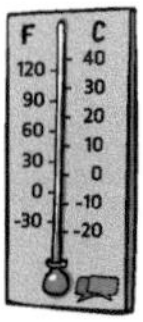

F C
120 40
90 30
60 20
30 10
0 0
-30 -10
-20

dat Thermometer

градуснік

de Sünnenschien

сонечнае святло

de Wulk

воблака

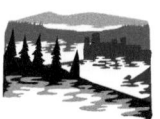

de Nevel

туман

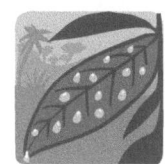

de Luftfuchtigkeit

вільготнасць паветра

de Blitz

маланка

de Dunner

гром

de Storm

бура

de Hagel

град

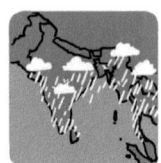

de Monsun

мусонны вецер

de Floot

прыліў

dat Ies

лёд

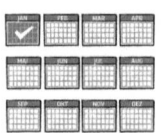

de Januormaand

студзень

de Februormaand

люты

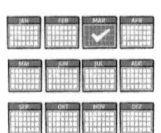

de Martmaand

сакавік

de Aprilmaand

красавік

de Maimaand

май

de Junimaand

чэрвень

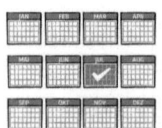

de Julimaand

ліпень

de Augustmaand

жнівень

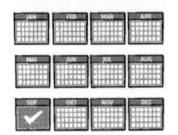

de Septembermaand

верасень

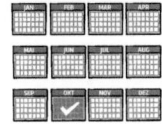

de Oktobermaand

кастрычнік

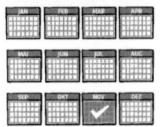

de Novembermaand

лістапад

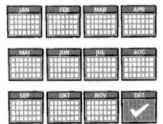

de Dezembermaand

снежань

de Formen
формы

de Krink

круг

dat Quadrat

квадрат

dat Rechteck

прамавугольнік

dat Dreeeck

трохвугольнік

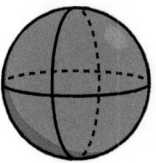

de Kugel

шар

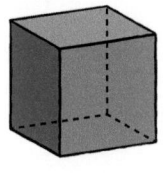

de Wörpel

куб

witt

белы

geel

жоўты

orangsch

аранжавы

pink

ружовы

root

чырвоны

lila

фіялетавы

blau

сіні

gröön

зялёны

bruun

карычневы

gries

шэры

swart

чорны

veel / wenig

шмат / мала

böös / verdreeglich

злы / добры

smuck / mies

прыгожы / брыдкі

de Begünn / dat Enn

пачатак / канец

groot / lütt

высокі / малы

hell / düüster

светлы / цёмны

de Broder / de Süster

сястра / брат

schier / schietig

чысты / брудны

kumpleet / nich kumpleet

поўны / няпоўны

de Dag / de Nacht

дзень / ноч

doot / lebennig

мёртвы / жывы

breet / small

шырокі / вузкі

geneetbor / nich geneetbor

ядомы / неядомы

böös / fründlich

злы / добры

fickerig / langwielt

узбуджаны / нудны

dick / dünn

тоўсты / тонкі

toeerst / toletzt

першы / апошні

de Fründ / de Fiend

сябар / вораг

vull / leddig

поўны / пусты

hart / week

цвёрды / мяккі

swoor / licht

важкі / лёгкі

de Smacht / de Döst

голад / смага

krank / gesund

хворы / здаровы

nich na't Recht / na't Recht

нелегальны / легальны

klook / dummerhaftig

разумны / дурны

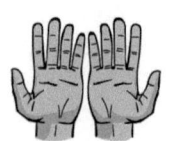

linkerhand / rechterhand

левы / правы

neeg / feern

побач / далёка

de Gegendelen - супрацьлегласці

nieg / bruukt

новы / былы ва ўжыванні

nix / wat

нічога / нешта

oolt / jung

стары / малады

an / ut

укл / выкл

apen / slaten

адчынены / зачынены

lies / luut

ціхі / гучны

riek / arm

багаты / бедны

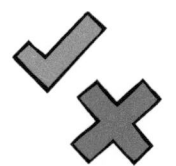

richtig / verkehrt

правільна / няправільна

ruug / glatt

шурпаты / гладкі

trurig / glücklich

сумны / шчаслівы

kort / lang

кароткі / доўгі

suutje / flink

павольны / хуткі

natt / droög

вільготны / сухі

warm / köhl

цёплы / халаднаваты

de Krieg / de Freden

вайна / мір

0

null

нуль

1

een

адзін

2

twee

два

3

dree

тры

4

veer

чатыры

5

fief

пяць

6

söss

шэсць

7

söven

сем

8

acht

восем

9

negen

дзевяць

10

teihn

дзесяць

11

ölven

адзінаццаць

12

twölf

дванаццаць

13

dörteihn

трынаццаць

14

veerteihn

чатырнаццаць

15

föffteihn

пятнаццаць

16

sössteihn

шаснаццаць

17

söventeihn

сямнаццаць

18

achtteihn

васямнаццаць

19

negenteihn

дзевятнаццаць

20

twintig

дваццаць

100

hunnert

сто

1.000

dusend

тысяча

1.000.000

million

мільён

dat Engelsch

англійская

dat Amerikaansch Engelsch

англійская (Амерыка)

dat Chineesch Mandarin

кітайская мандарынская

dat Hindi

хіндзі

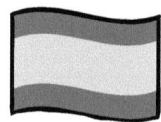

dat Spaansch

іспанская

dat Franzöösch

французская

dat Araabsch

арабская

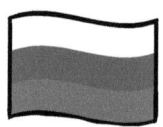

dat Rusch

руская

dat Portugiesch

партугальская

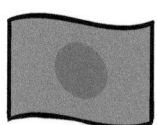

dat Bengaalsch

бенгальская

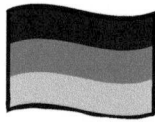

dat Düütsch

нямецкая

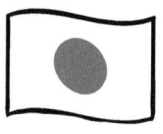

dat Japaansch

японская

ik

я

du

ты

he / se / dat

ён / яна / яно

wi

мы

ji

вы

se

яны

keen?

хто?

wat?

што?

woans?

як?

woneem?

дзе?

wannehr?

калі?

de Naam

імя

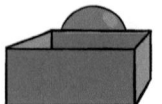

achter

за

in

у

vör

перад

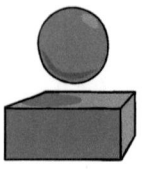

över

над

op

на

ünner

пад

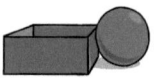

blangen

каля

twüschen

паміж

de Oort

месца